ボディビルのかけ声辞典

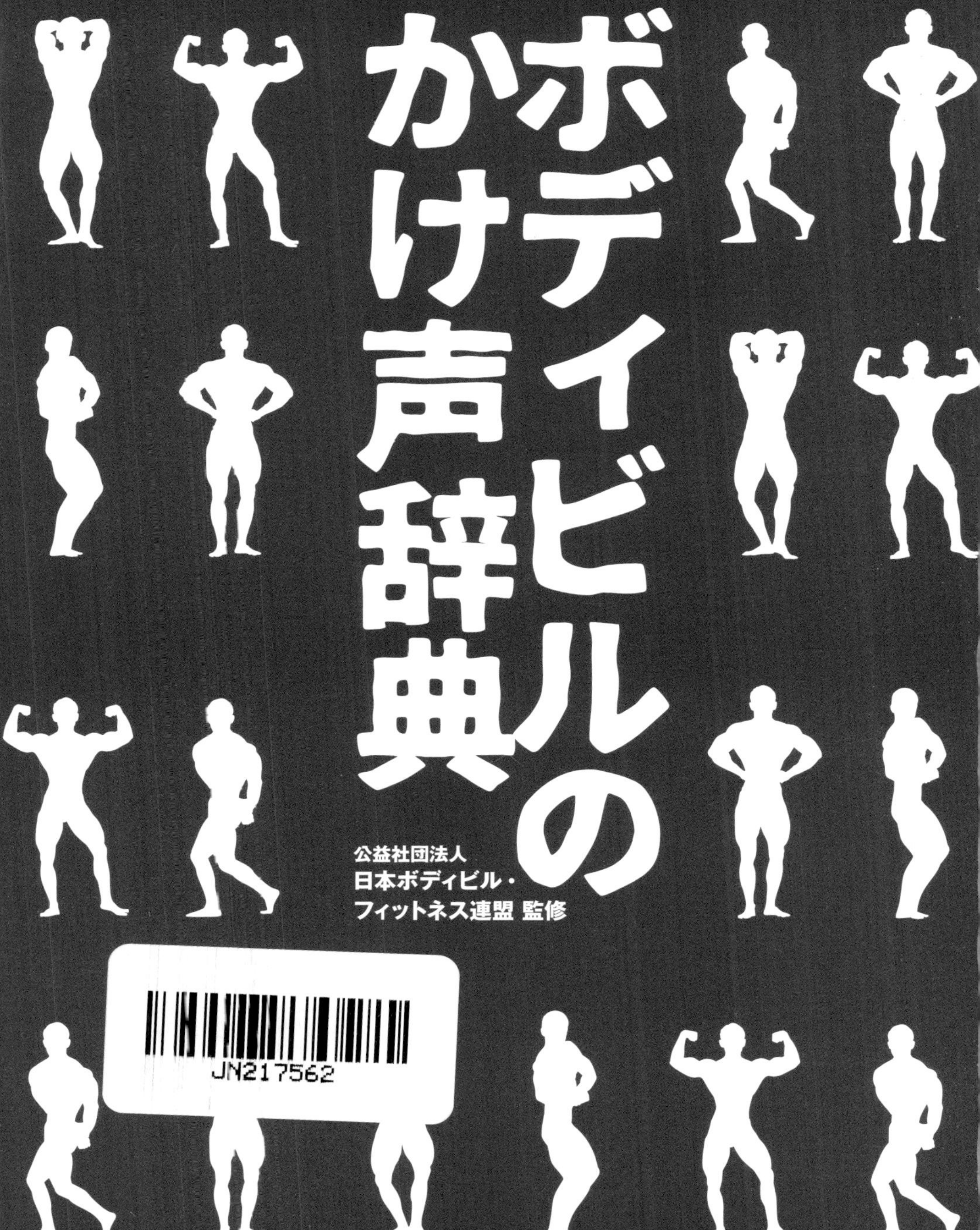

公益社団法人
日本ボディビル・
フィットネス連盟 監修

スモール出版

減量により筋肉を覆っている脂肪を取り除くため、朝・昼・晩の食事にも常に心を配ります。

一般的には玄米に鶏胸肉が主流ですが、バランスよく野菜を摂るよう心掛けている選手も少なくありません。
（写真は、松尾幸作選手の食事です）

選手宣誓をもって、ボディビル選手権大会開始！

出番前には、念入りなパンプアップもかかせません。

我がいちばんと集まった猛者たち。

公平な審査を行うため、司会者は念入りに選手の立ち位置を確認します。

司会者のコールと共に、順次、規定ポーズをキメていきます。

ポーズで見え方も左右されるため、意識させる箇所をチェック。

集中力が途切れないように“渇”を入れます。

女子ならではの規定ポーズ、サイドチェスト。

力強くも美しい、
女子のポージング。

1次ピックアップ審査：まずは、ここを通過しなければ意味がない!!

2次ピックアップ審査：ここは、決勝に進めるかの踏ん張りどころ。

同点審査が行われることも！ ひとりのみが通過できる……渾身のアブドミナル＆サイ。

いちばんの盛り上がりどころである“ファーストコール”。上位選手が呼ばれ、比較されます。

選手が並んで行われるフリーポーズ。

決勝に進んだ選手のみが行える、ひとりずつのフリーポーズ。

第２の見どころ“ポーズダウン”。共に闘ったライバルたちとの最後の競演！

思い思いのポーズで、順位発表を待ちます。

62歳 vs 24歳。

ボディビルに年齢は関係ない！ 見事、62歳が勝利!!

闘いが終われば、同じ志を持つ仲間。素直にライバルの優勝を祝います。

優勝の瞬間。
さまざまな想いがこみ上げ、涙……。

ジュニア（22歳以下）も、しっかりボディビルダーの体型。左から3、6、1、2、5位。

大学生選手権名物“腕組モストマスキュラー”。

レジェンド・小沼敏雄選手。

ボディビルに引退はない！ 80歳を過ぎても現役。

国内最高峰の熱戦。決勝進出者は左から2、11、6、1、10、8、3、4、5、9、12、7位。

ファーストコール。左から5、2、1、3、4位。

セカンドコール。左から9、8、6、5、7位。

サードコール。左から12、10、9、11、8位。

現在、８連覇中のチャンプ、鈴木雅選手。

はじめに

最近、国内ではボディコンテスト、筋トレがブームになってきています。

１９５６年にミスター日本ボディビルコンテストが始まってから62年が経ちますが、この間、数年の間隔でボディビルブームが起こりました。初期のブームは、国民的英雄のプロレスラー力道山や、映画『ヘラクレス』主演俳優のスティーヴ・リーヴスに憧れる若者たちが担い手。自作のコンクリート製のバーベルを使って、自宅の庭などで仲間と競うように身体を鍛える人もいたものです。

筋肉を極限まで鍛え上げ観客に披露するスポーツは、歴史上、欧米から来たものですが、最近の国内ボディビルブームは目を見張るものがあります。今ではどこの町にも素晴らしい設備のスポーツクラブが存在し、手頃な会費で通うことができるようになりました。それは、極限まで筋肉を大きく鍛えるボディビルだけではなく、「フィジーク」「フィットネスビキニ」という、カッコ良さや美しさを評価する別種目が、筋トレ初心者、若年層のトレーニーの大会出場を大きく後押ししているおかげでもあります。

現在、日本ボディビル・フィットネス連盟（JBBF）主催のボディビル大会は全国各地で行われ、都道府県ごとのチャンピオンが毎年生まれています。

この本は、そんなボディビル大会の出場者にかけていただきたい言葉を集めた、世界初の『ボディビルのかけ声辞典』です。

ボディビルコンテスト会場は、とにかくポジティブシンキング！　ほめてほめてほめてほめまくります！　初めて観戦した人は、ほめちぎる怒涛の声援に圧倒されるそうですが、実際にどんな声援が会場を沸かせているのか、この本でその世界をのぞいてみてください。また、ぜひ声に出して読んでください（書店、電車内では禁止）。自分も周りも、ハッピーな気持ちになれるでしょう。

２０１７年、バラエティ番組で取り上げられSNSでも話題となった、かけ声も登場していますよ。

ボディビル未経験という方にも、楽しんでいただける内容となっていますので、学校、職場の仲間との良好なコミュニケーション作りにも、ぜひお役立てください。

公益社団法人 日本ボディビル・フィットネス連盟
委員会　広報委員　上野俊彦

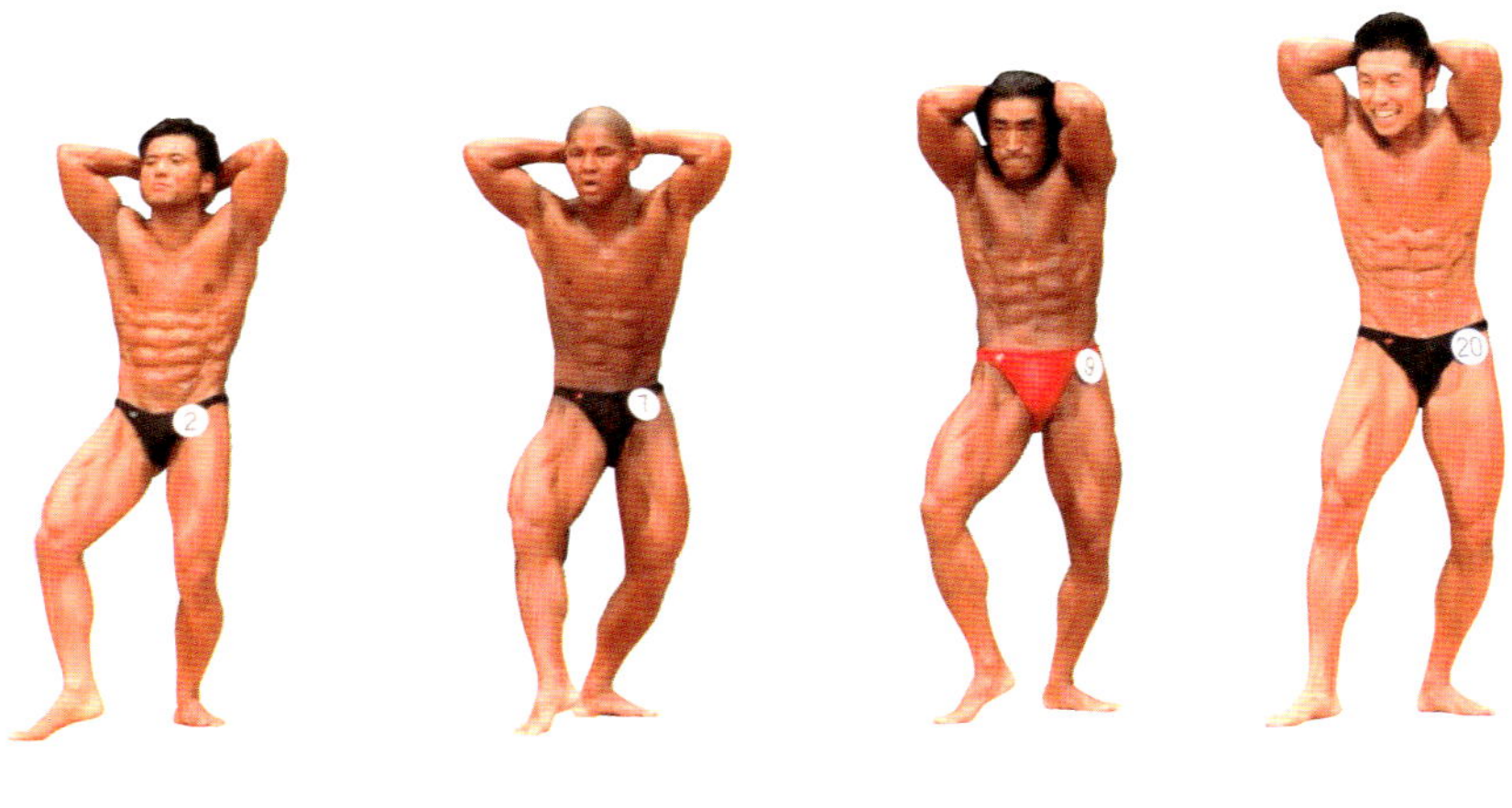

Contents

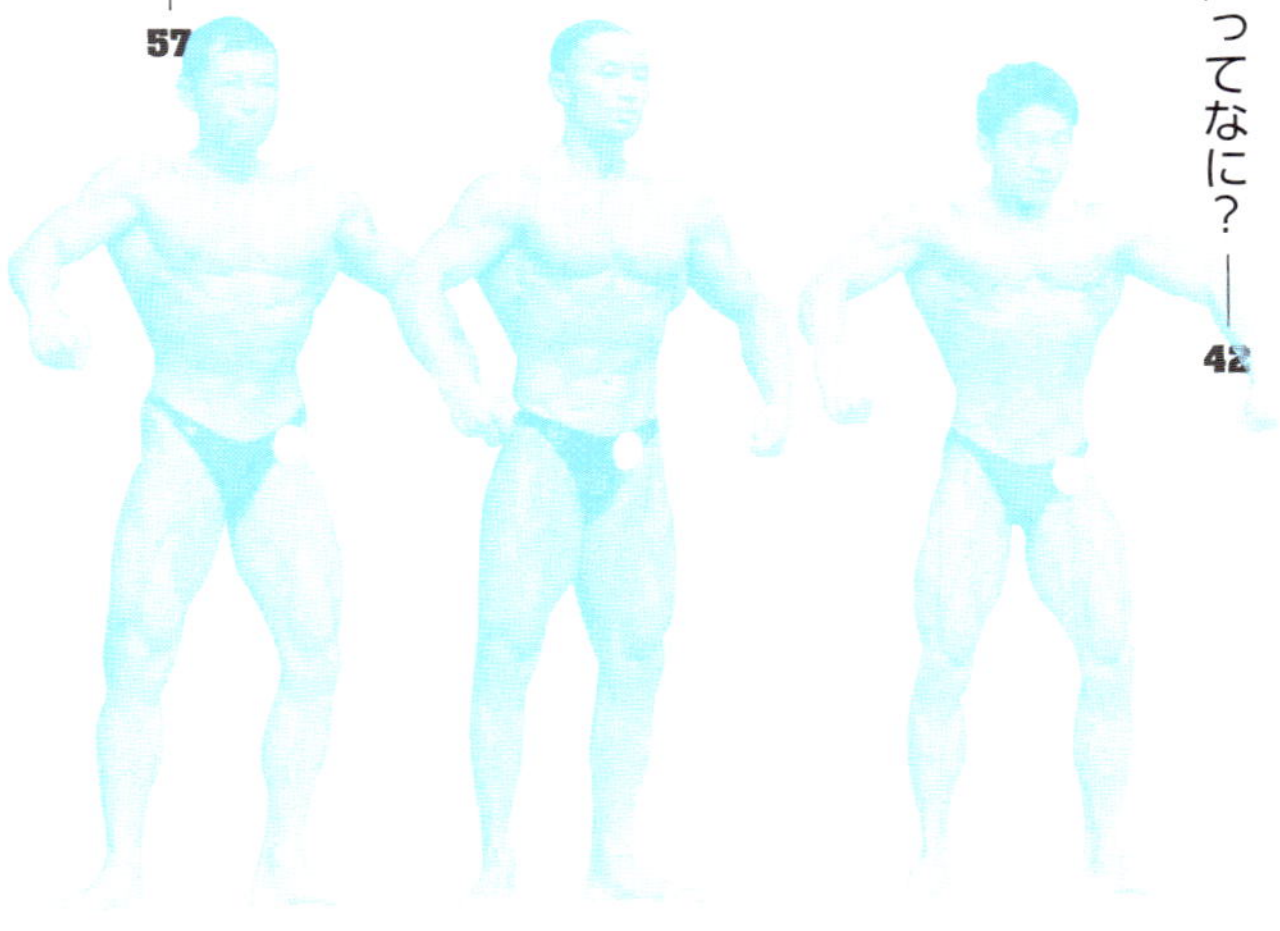

本書の使い方

Chapter 1 ボディビルの ABC
ボディビルのかけ声を見ていく前に、ボディビルの基礎知識を学べます。

Chapter 2 ほめる編「切れてるよ」基本のかけ声を、使用例とともに見られます。

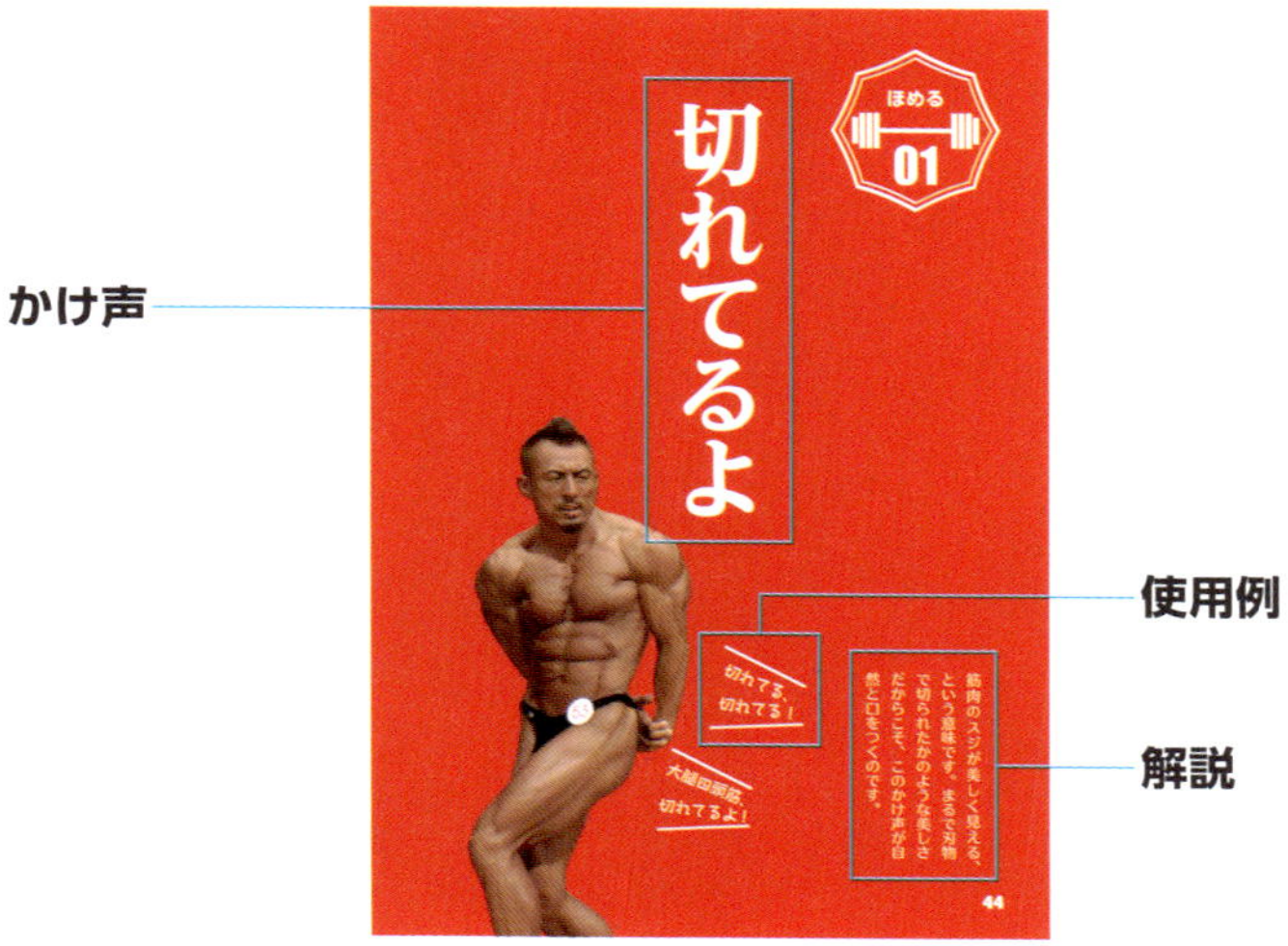

Chapter 3 例える編「肩メロン！」
身体の部位や筋肉をほめる、例えを使ったかけ声がわかります。

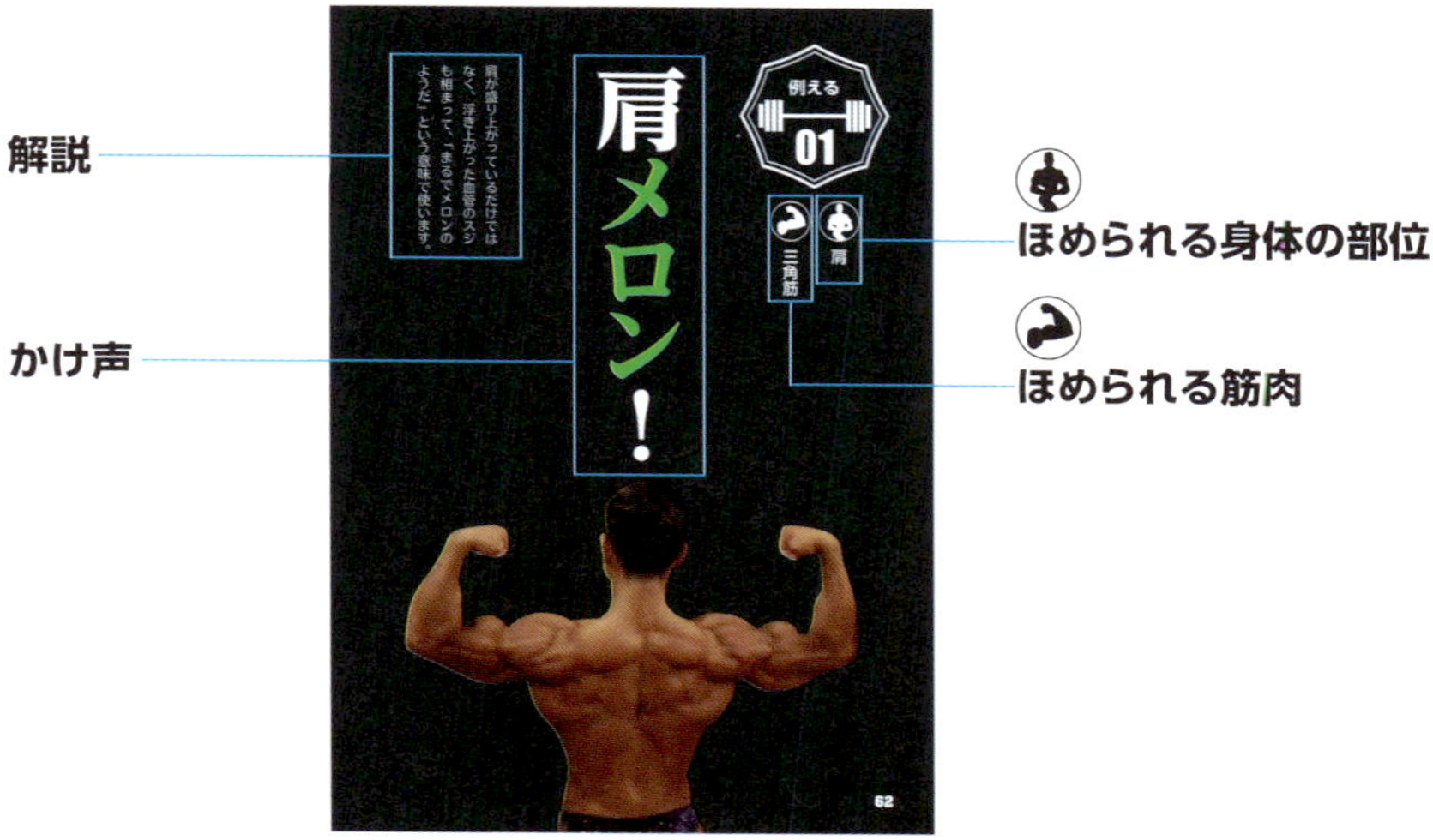

Chapter 4 超上級編「アニキー！」大会で使われた熱いかけ声を、お手本として見られます。

Chapter 1

ボディビルのABC

ボディビル大会を楽しむための予備知識。
その歴史と競技としての基準、
ポーズの見どころまでがわかります。

01

ボディビルってなに？

単に筋肉の大きさを競うだけではない！　個々の体型に合わせた造形美を追求した結果を表現するのがボディビル。つまりこれは、肉体を使った〝アート〟なのです。

ボディビルとは、筋肉発達の技術

ボディ（身体）をビルディング（作ること）、つまり肉体を作り上げることがボディビルです。運動によって筋肉を作るのではなく、現在では科学的かつ効果的な手段を使い、筋肉を刺激して発達させる〝技術〟がボディビルであり、現存する筋力トレーニングのルーツでもあるのです。

古代から続く？ボディビルの歴史

ボディビルの歴史は古く、古代ギリシャ時代から「筋肉を鍛え、たくましい身体を作る」という概念は生まれていましたが、正式にボディビルという競技の第1回世界大会が開催されたのは、1947年のことでした。

日本では1955年、当時始まったプロレス人気も相まって、第1次ボディビルブームが到来。それと同時に日本ボディビル協会、現在の公益社団法人日本ボディビル・フィットネス連盟が設立されました。1956年には第1回ミスター日本ボディビルコンテストが、1983年には女性の日本大会が行われ、現在までボディビルの歴史は紡がれているのです。

公益社団法人 日本ボディビル・フィットネス連盟（Japan Bodybuilding & Fitness Federation）のロゴ。競技スポーツとしてのボディビル、スポーツ選手全般の筋力トレーニング、健康増進としての筋力トレーニングの3つの分野で事業に取り組んでいる。

ボディビル年表

1901年	グレートコンペティションと呼ばれる、世界初のボディビルコンテストが開催
1940年代	カリフォルニア州サンタモニカのヴェニスビーチで、マッスルコンテストが盛んに行われ、マッスルビーチと名付けられた
1947年	正式にボディビルの第1回世界大会が開催
1952年	日本初のボディビルディングコンテストが福島県で開催
1955年	現在の公益社団法人日本ボディビル・フィットネス連盟の前身、日本ボディビル協会が設立
1956年	ミスター日本ボディビルコンテストが開催
1967年	初めて世界大会に選手を派遣する
1982年	日本ボディビル連盟に改称。国際ボディビル連盟に加盟し、第18回アジア・ボディビル選手権大会を初めて日本で開催
1983年	日本初の女性大会で、現在の女子日本選手権にあたるミス日本コンテスト開催
1984年	アーノルド・シュワルツェネッガーの主演映画『ターミネーター』が公開され、日本にボディビルブームが到来
1987年	第1回国際女子アマチュア・ボディビル招待選手権を世界9カ国、20人の選手を招いて東京で初開催
1993年	ワールドゲームズに初参加
2002年	アジア競技大会で、ボディビル連盟登録選手が初のメダル獲得を果たす

02 競技と大会のルール

筋肉の大きさだけではなく、体脂肪率やバランスまで考え、作り上げた肉体の美しさを競います。個性が生かせるから、誰もが輝ける。だからボディビルは面白い！

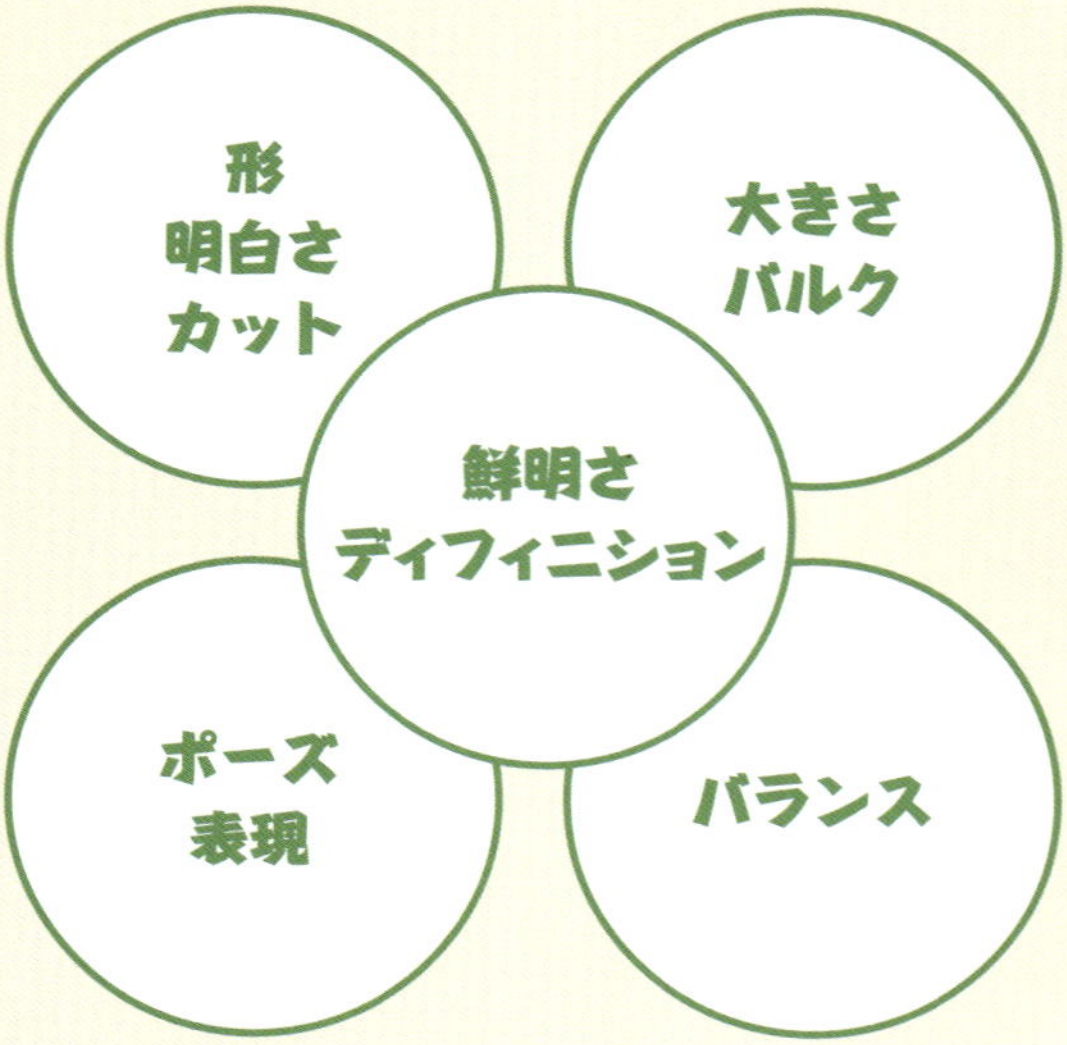
形
明白さ
カット
大きさ
バルク
鮮明さ
ディフィニション
ポーズ
表現
バランス

競技としてのボディビル

ボディビル競技の特徴は、他人と競い合うだけではなく、「自分の個性を生かした、オンリーワンの美しい肉体を作り上げること」が重要とされます。ただ大きければ良いわけではなく、ひとつひとつの筋肉がハッキリと見える鮮明さやバランスが総合的に判断されるのです。

女子競技のフィジーク

女子の場合は、フィジークと呼ばれる競技が主流となっています。筋肉量よりもむしろ、体型や体格といった全体的なバランスの美しさが重要視されます。

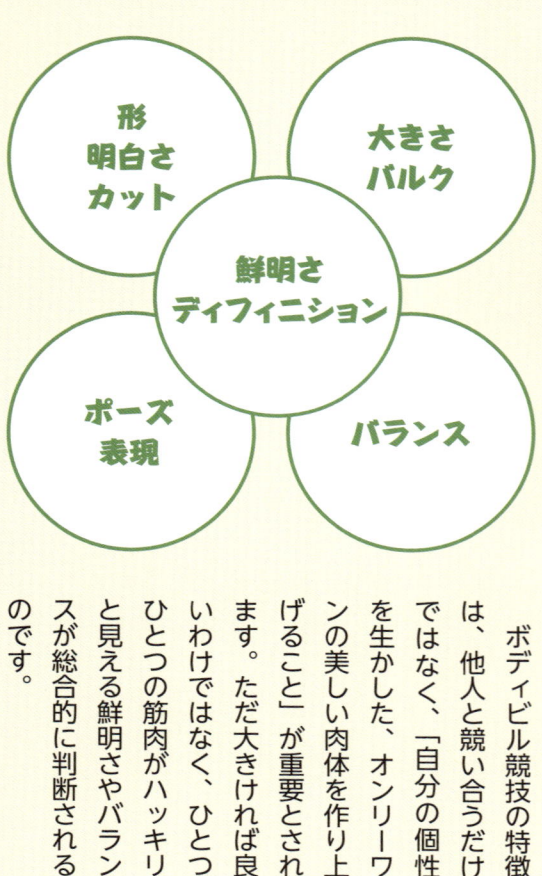

大会のおもな流れ

クラスは身長でカテゴライズされており、
それぞれで決められた体重制限をクリアしているかの計量が行われます。

計量

プレジャッジ

ピックアップ審査

リラックスポーズ・規定4ポーズ

筋量バランスやポーズの取り方を審査し、セミファイナル（順位付け）に進む選手をピックアップします。順位付けはされません。

セミファイナル（順位付け）

リラックスポーズ・規定7ポーズ

呼ばれた選手が、規定ポーズで審査を行います。ファーストコール、セカンドコール、サードコールと繰り返し、選手を変えて審査していきます。

ファイナル（決勝審査）

フリーポーズ（男子1分・女子30秒）

ひとりずつステージに上がって、パフォーマンスを行います。全日本では、上位選手が何度も呼ばれることも。

順位発表
表彰式

順位発表で呼ばれた選手は、感謝を肉体で表現する「ポーズダウン」というパフォーマンスを行います。

03

大会で使われるポーズ

大会で使われる規定ポーズは、筋肉の大きさ、明瞭さ、バランスが分かるようになっており、フリーポーズは選手の個性が表れます。ポーズを知れば、ボディビルがもっと面白くなる！

男子7、女子4の大会規定ポーズ

大会で、選手たちはコールされてからポーズを開始します。ポーズの種類は3つです。ひとつ目は自然体で全身を見せられるリラックスポーズ。2つ目は男子が7つ、女子が4つある規定ポーズ。そして自分が選んだBGMをバックに、自由な演技で個性をアピールするフリーポーズです。

ステージ上の基本姿勢 リラックスポーズ

身体をいかにバランス良く見せられるか。その基本は、自然体にあります。リラックスポーズは、前面・左右の側面、背面の４つの面を必要以上の筋収縮をせず、いかにうまく表現するかが大切なポイントになります。

男子規定7ポーズ1 フロント・ダブルバイセップス

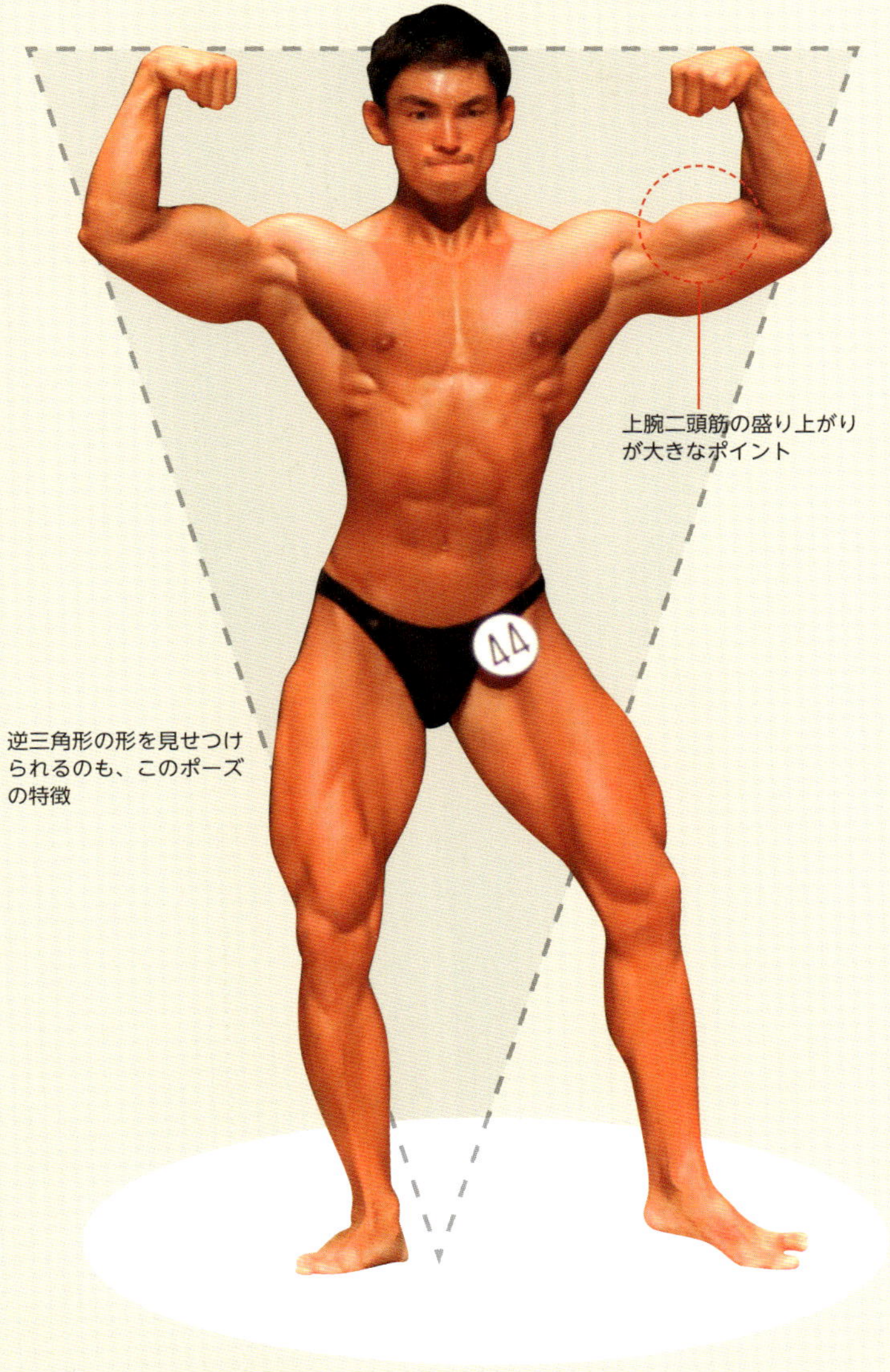
上腕二頭筋の盛り上がり
が大きなポイント
逆三角形の形を見せつけ
られるのも、このポーズ
の特徴

バイセップスとは、上腕二頭筋のこと。両腕を曲げた状態で上腕二頭筋を見せ、さらにその体勢で身体の前面をアピールします。逆三角形の形や腹筋を含めた、全身のバランスの良さを見せるポーズです。

男子規定7ポーズ2

フロント・ラットスプレッド

ポイントは広背筋。脇の下から張り出し大きく見えるほど、美しい逆三角形に見えるのだ

ラットとは背中の筋肉を指し、スプレッドとは前面から背中を大きく広げるポーズを意味します。背中の横幅を強調するため広背筋にポイントを置き、正面から見ても逆三角形の美しい体型が作れていることをアピールします。

男子規定7ポーズ3 サイドチェスト

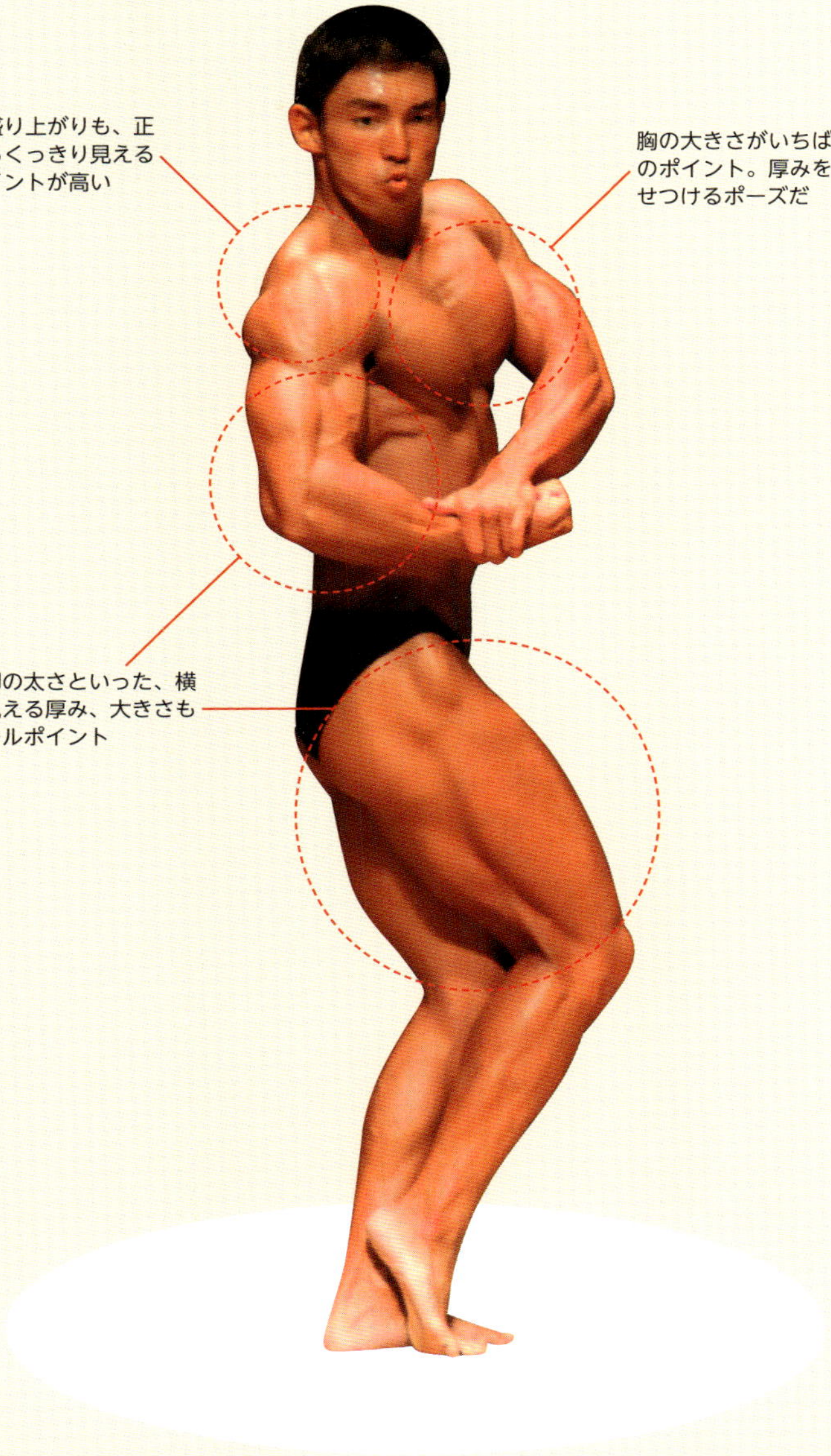
肩の盛り上がりも、正面からくっきり見えるとポイントが高い
胸の大きさがいちばんのポイント。厚みを見せつけるポーズだ
腕や脚の太さといった、横から見える厚み、大きさもアピールポイント

ポイントになる部位はチェスト、つまり胸です。胸を横から強調して見せます。胸の厚みはもちろん、そこに腕や脚の太さといった横向きだから分かる厚みをアピールすると同時に、肩の大きさもポイントになります。

男子規定7ポーズ4

バック・ダブルバイセップス

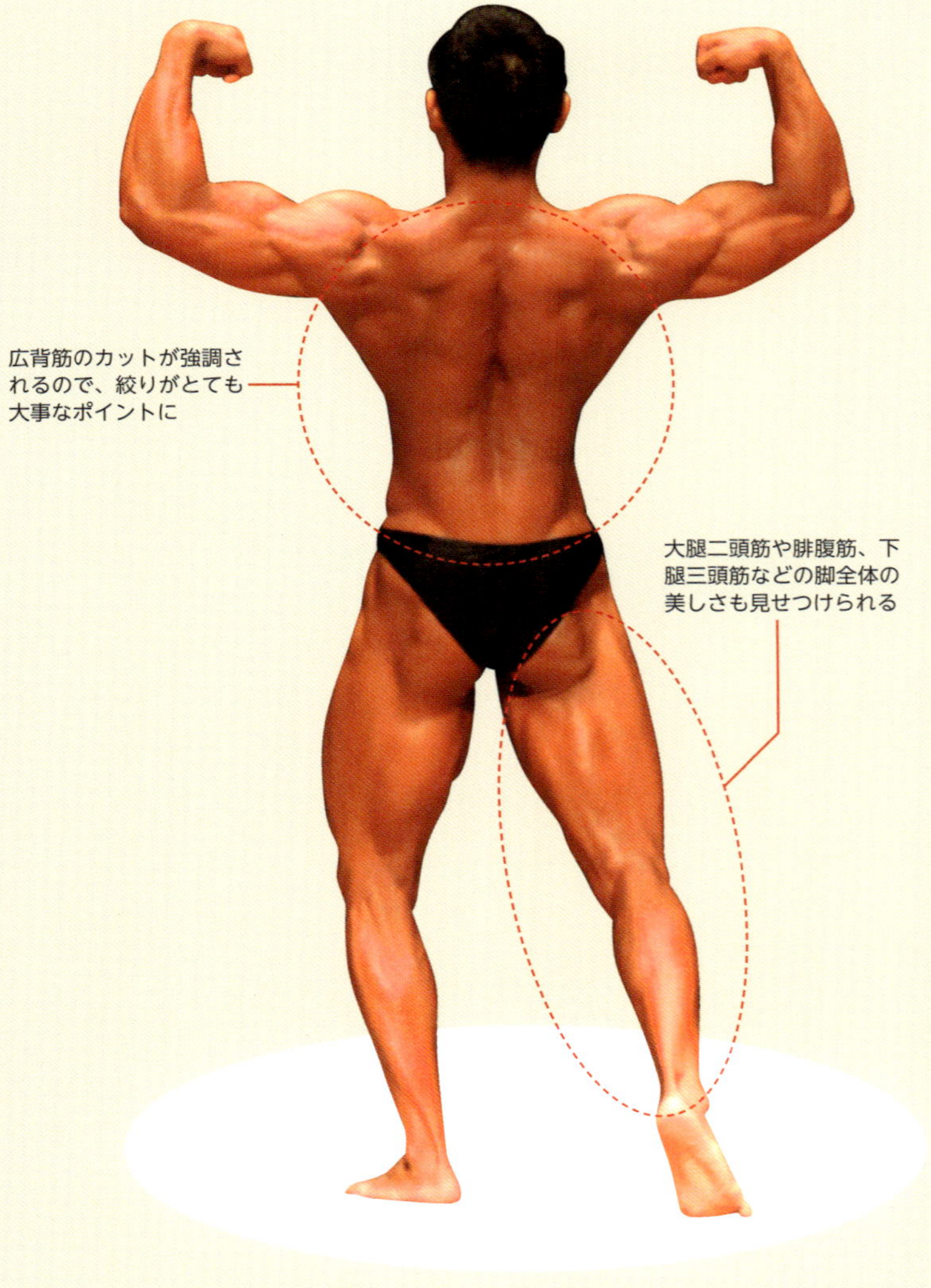
広背筋のカットが強調されるので、絞りがとても大事なポイントに
大腿二頭筋や腓腹筋、下腿三頭筋などの脚全体の美しさも見せつけられる

規定ポーズ１を後ろから見せるポーズで、少し身体を反らせることで背中の筋肉を強調できます。また、脚もアピールポイントになります。背中の筋肉のカットが浮き彫りになり、密集された筋肉群の山が現れやすいポーズです。

男子規定7ポーズ 5

バック・ラットスプレッド

広背筋の広さが最も
大事なポイントとな
るポーズ
大臀筋の締まりが、さら
に逆三角形の体型を強調
させるのもポイント

規定ポーズ２を後ろから見せるポーズです。バック・ダブルバイセップスは筋肉のカットを見せますが、ラットスプレッドはカットよりも背中の広さを強調します。大きく広背筋を広げることが重要なポーズです。

男子規定7ポーズ6 サイド・トライセップス

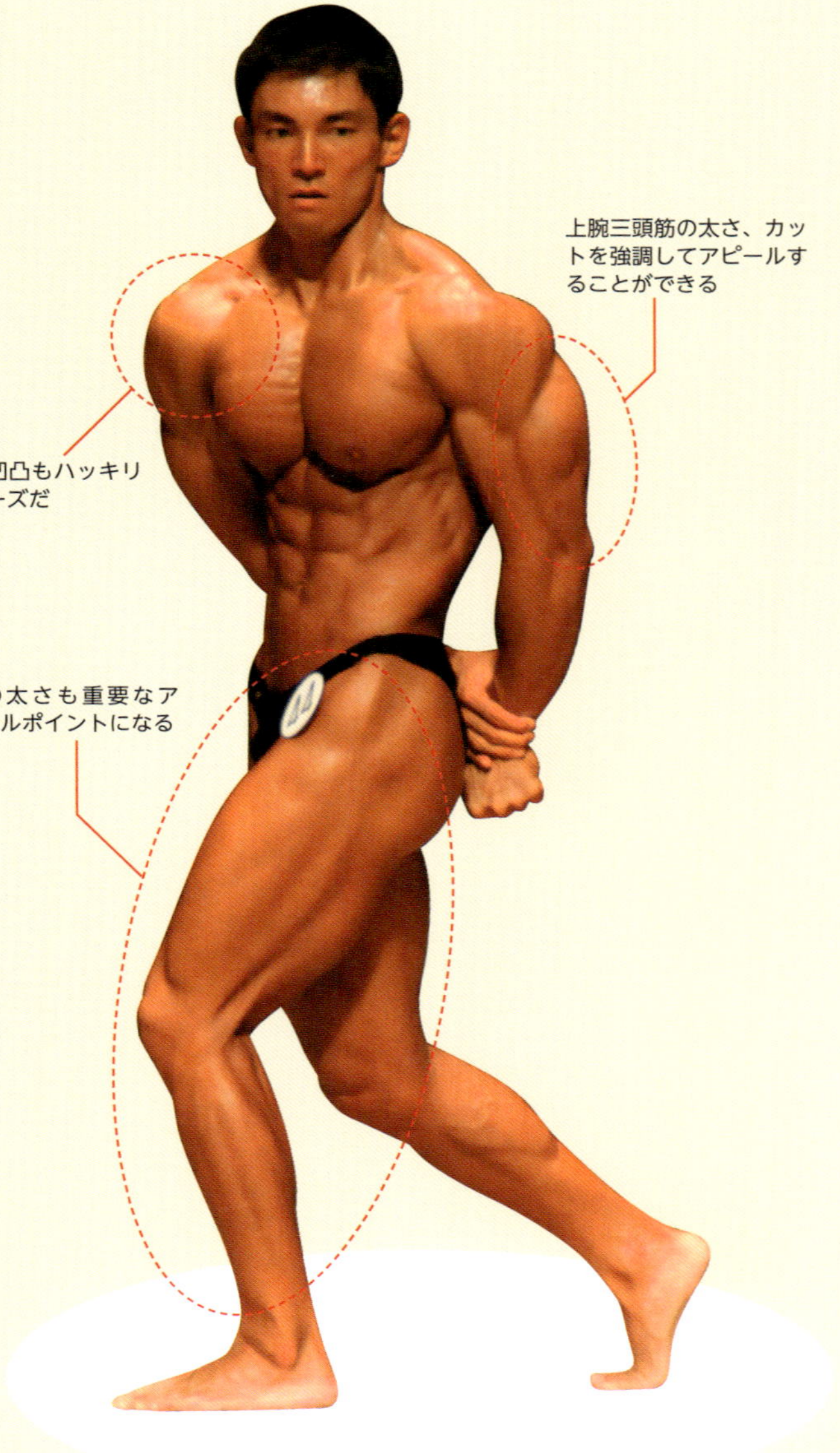
上腕三頭筋の太さ、カットを強調してアピールすることができる
全身の凹凸もハッキリ出るポーズだ
脚の太さも重要なアピールポイントになる

トライセップスとは、上腕三頭筋のこと。横から腕を見せることで、太さや上腕三頭筋のカットを強調して見せます。胸の厚みや脚の太さもポイントですが、全身の凹凸がハッキリ見えるポーズになります。

男子規定7ポーズ 7

アブドミナル&サイ

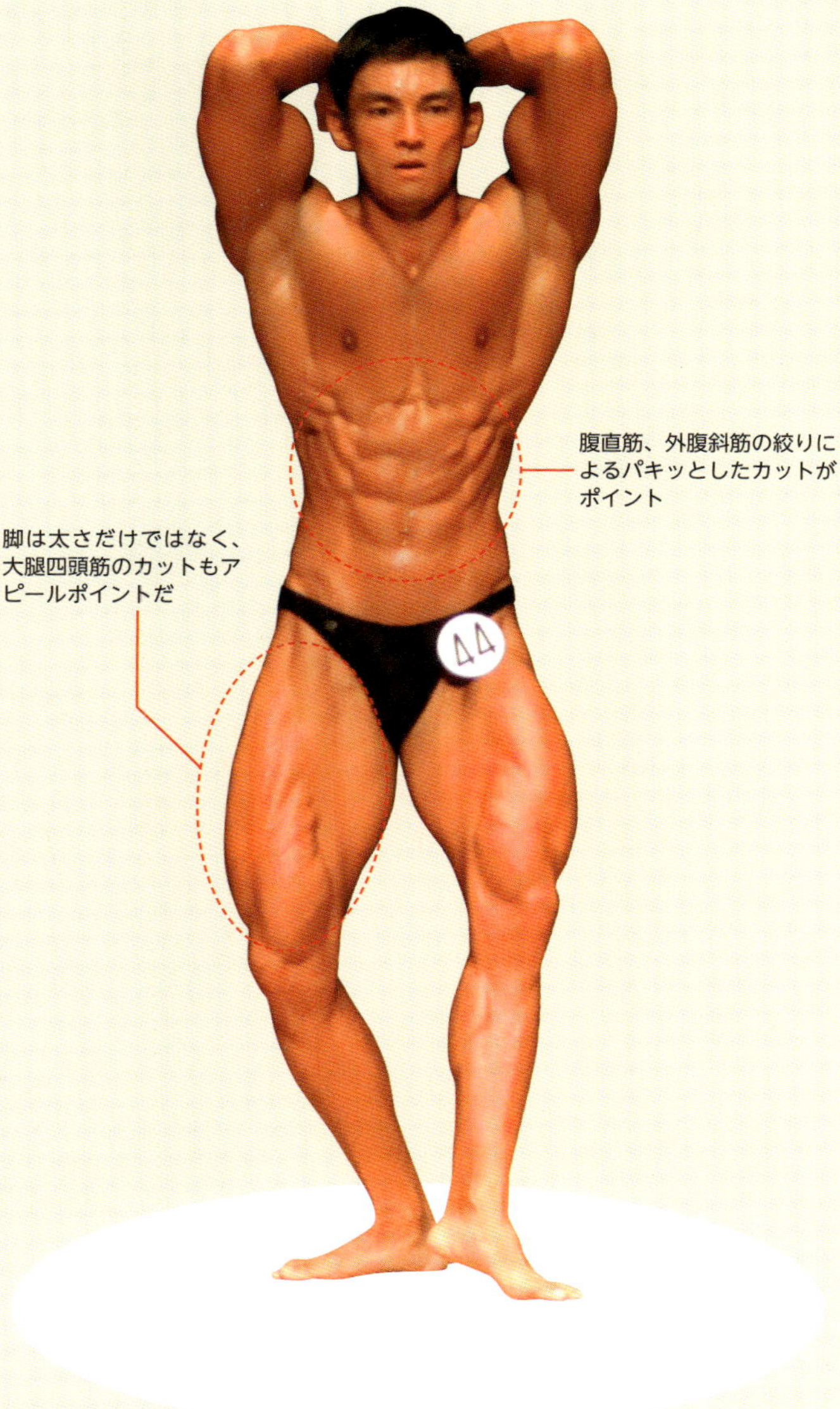
腹直筋、外腹斜筋の絞りに
よるパキッとしたカットが
ポイント
脚は太さだけではなく、
大腿四頭筋のカットもア
ピールポイントだ
44

アブドミナルは腹筋、サイは太ももを意味します。腹直筋から側筋（外腹斜筋）、大腿四頭筋の太さやカットが強調されるポーズです。腹直筋はしっかり絞れていて、カットがハッキリしているかどうかが重要なポイントになります。

女子規定4ポーズ1
フロント・ダブルバイセップス

指先をピンっと伸ばすことも、美しさのアピールポイントだ
上腕二頭筋が大きいだけではなく、バランスの良い付き方をしているかがポイント
身体の先端までしっかり神経を使ってポージングすることが大事

見せるポイントは男子のダブルバイセップスと同じですが、女子の場合はたくましさよりも美しさのほうが重要。そのため、指先は軽く広げます。指先、足先まで神経を行き渡らせます。

女子規定4ポーズ2 サイドチェスト

胸の筋肉の美しさを強調すると同時に、腕や肩のラインもアピールポイント
脚のラインの美しさも重要

胸を強調することはもちろんですが、横から見ることでくびれやヒップラインの美しさも強調されるポーズです。見せたい胸の筋肉を出しながら、腕や脚、身体のラインの美しさを表現するのがポイントです。

女子規定4ポーズ3 バック・ダブルバイセップス

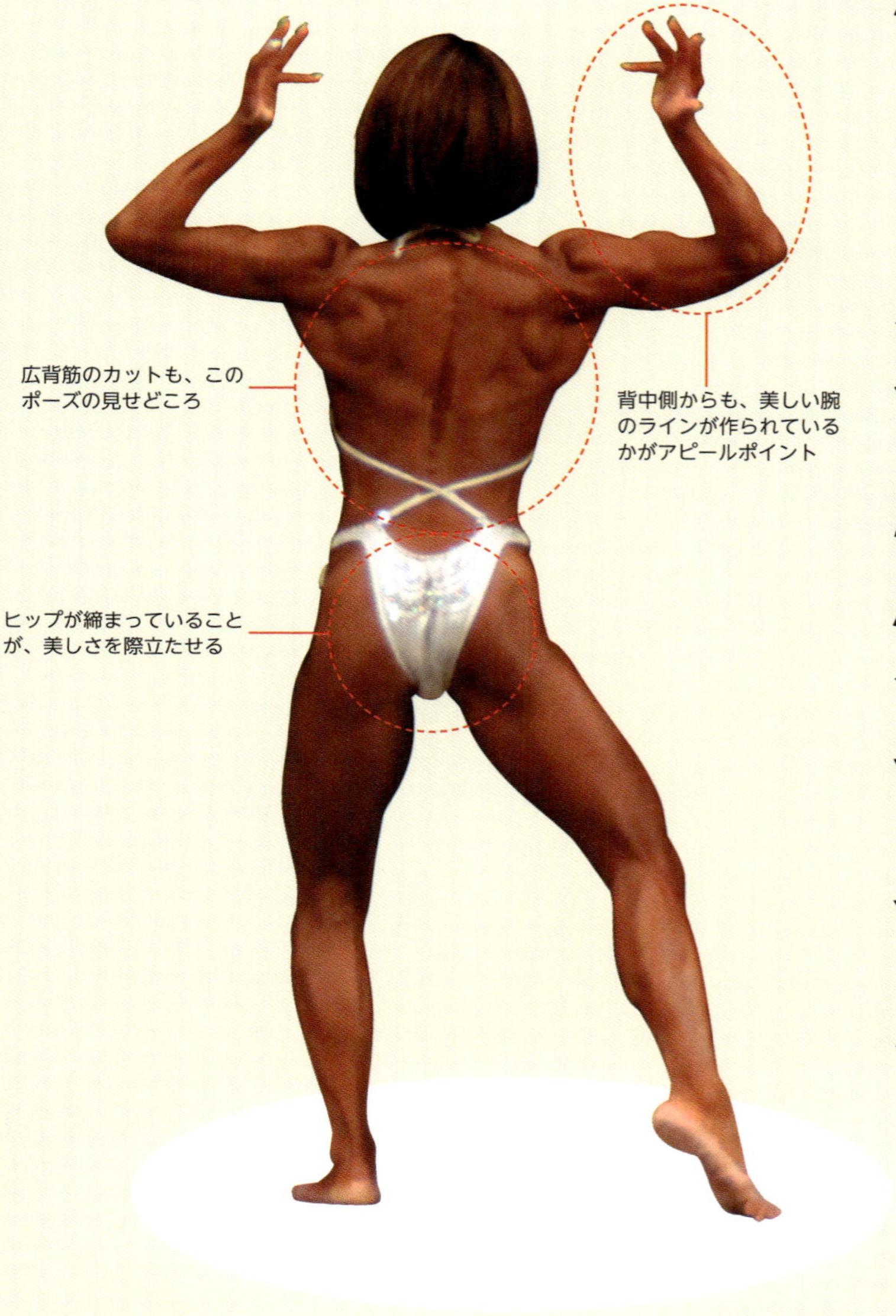
広背筋のカットも、このポーズの見せどころ
背中側からも、美しい腕のラインが作られているかがアピールポイント
ヒップが締まっていることが、美しさを際立たせる

後ろから見た上腕二頭筋の形や、広背筋のカットを見せることがポイントになるポーズです。くびれも強調されるので、男性のようなガッチリとした逆三角形ではなく、スマートな逆三角形が作られているかが大切です。

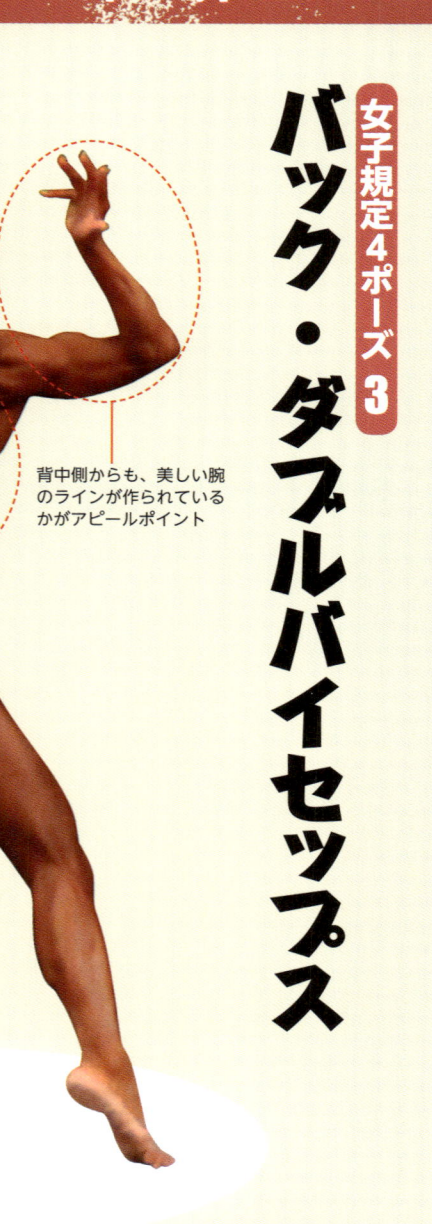

女子規定4ポーズ4

サイド・トライセップス

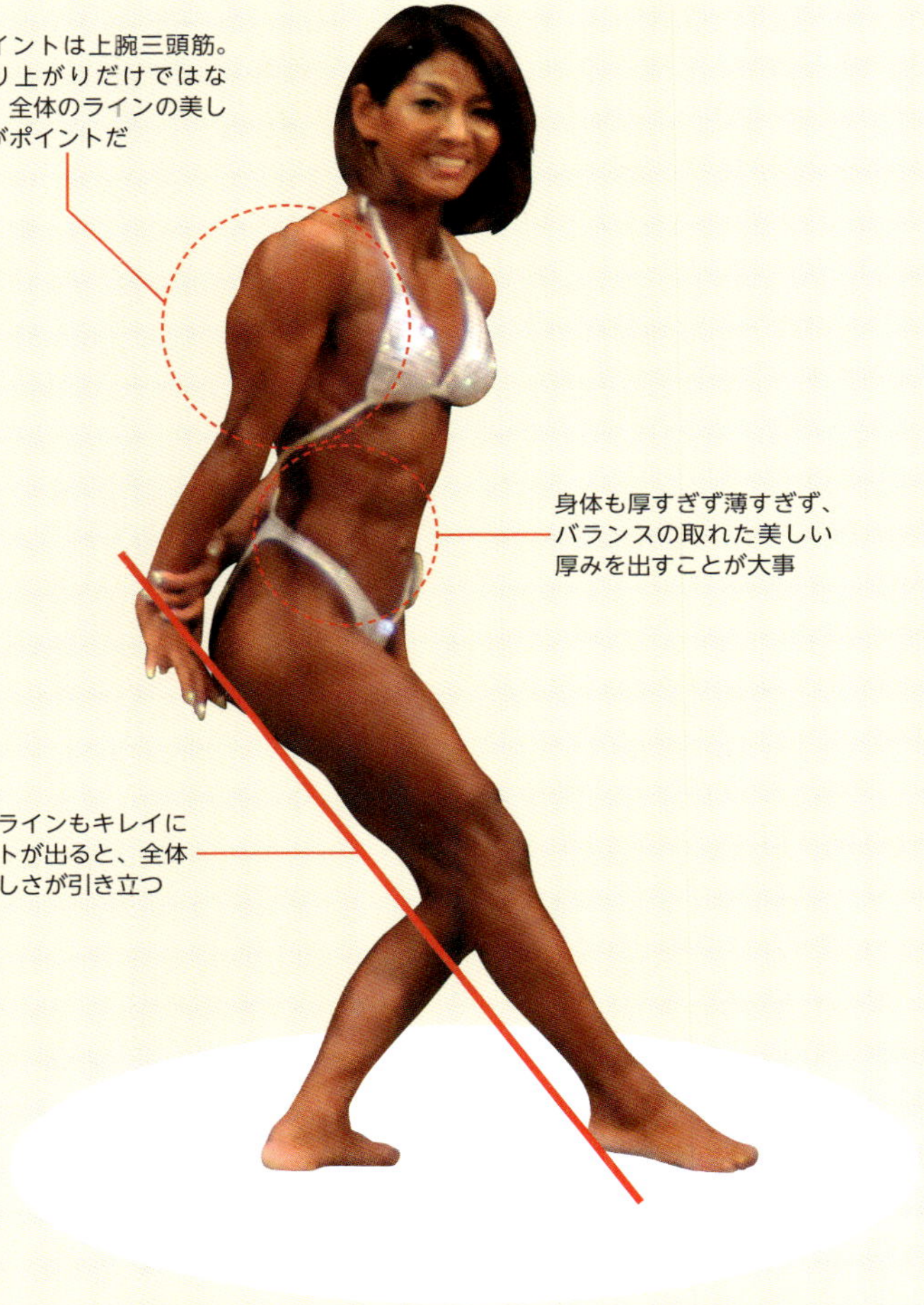
ポイントは上腕三頭筋。
盛り上がりだけではなく、全体のラインの美しさがポイントだ
身体も厚すぎず薄すぎず、バランスの取れた美しい厚みを出すことが大事
脚のラインもキレイにカットが出ると、全体の美しさが引き立つ

男性のようなたくましさよりも、横から見える女性らしい美しさが強調されたラインを作れるかどうかが重要なポーズです。上腕三頭筋に美しいカットが入ると、全身が非常にスマートなラインを作り出します。

フリーポーズ

決勝進出選手に許された独壇場

あくまで比較審査である規定ポーズに対し、自らの肉体の特長を思う存分にアピールできるのが、フリーポーズ。選手たちは自分の個性と感性が最大限生かされるように、BGMからポージングまで、ありとあらゆる方法で芸術性を表現し、自分の肉体美をアピールします。

土俵入りをオマージュ。強さをアピールするには最高のポーズだ

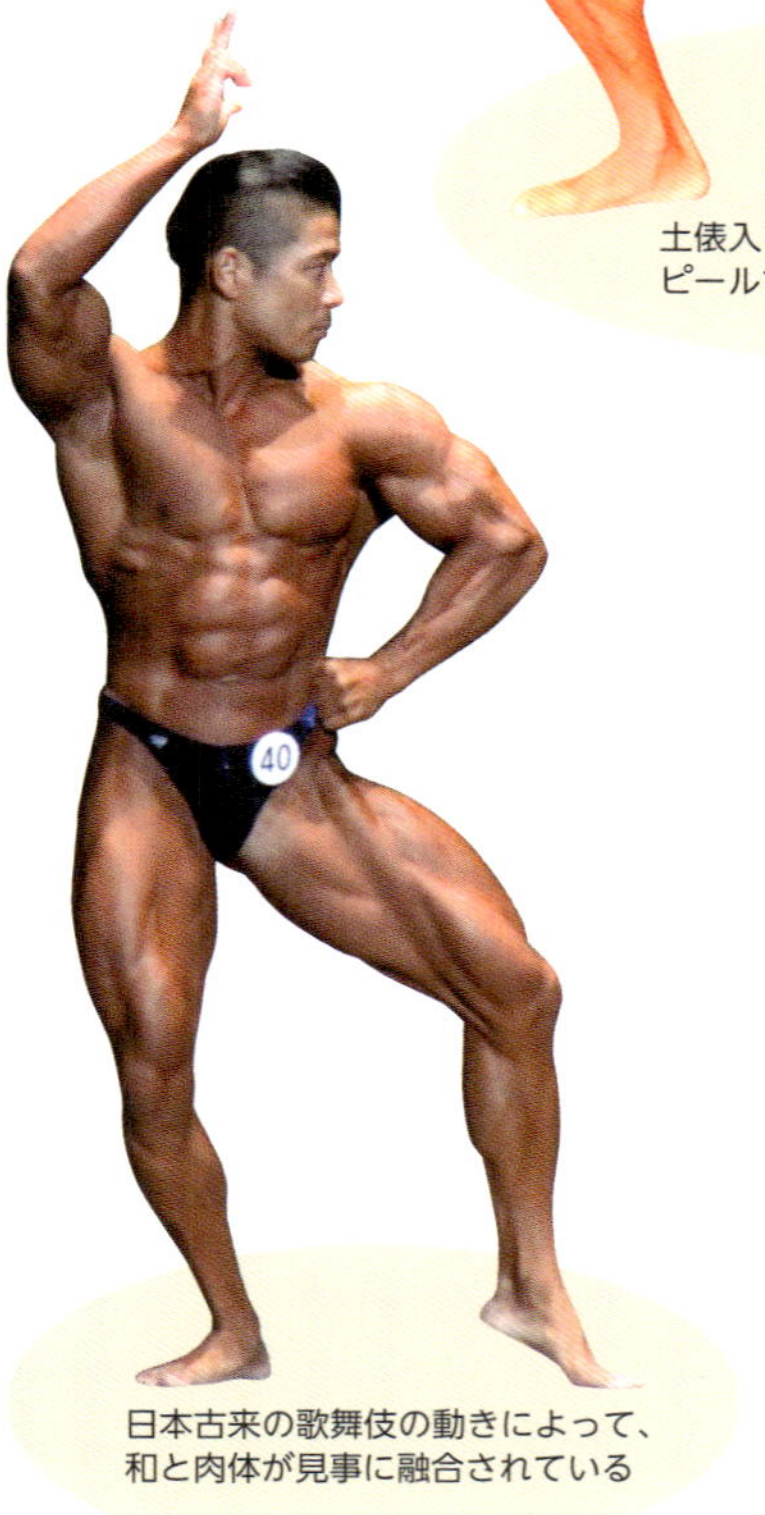

日本古来の歌舞伎の動きによって、和と肉体が見事に融合されている

「顔を見る必要はない。肉体だけを見ろ」。そんなアピールもフリーポーズだからできる

Chapter 2

ほめる編「切れてるよ」

基本中の基本のかけ声を網羅しています。
全身の筋肉や部位の名前と
組み合わせて使えるかけ声です。

ボディビル大会のかけ声ってなに？

ボディビル大会でのかけ声は、選手たちを応援するだけではなく、積み重ねた努力を賞嘆するためにも使われます。かけ声は、選手たちをリスペクトするからこそ、上がるものなのです。

かけ声とは選手たちに対する最高の讃美！

辛く苦しいトレーニングを乗り越え、自分だけの肉体を作り上げてきた選手たち。ステージに辿り着くまでに、どれほどの努力を積み重ねてきたのか。そのバックボーンへの感動と讃美の声が自然と出てしまう。それがボディビル大会における〝かけ声〟の正体。

選手たちがステージに立った以上、最大の力を出し切って、見せきってもらいたい。そんな思いを込めて、讃美だけではなく、思わずアドバイスを送りたくなることもある。それもボディビル大会におけるかけ声のひとつ。

かけ声に、フォーマットなどはなく、自分が感じたまま、選手たちが作り上げた〝アート〟に対して声をあげてみましょう。それが選手への、最高の讃美となるのです。

それではさっそく、秀逸なかけ声の数々を見ていきましょう！

ほめる 01

切れてるよ

切れてる、
切れてる！

大腿四頭筋、
切れてるよ！

筋肉のスジが美しく見える、という意味です。まるで刃物で切られたかのような美しさだからこそ、このかけ声が自然と口をつくのです。

ほめる 02

デカい

鍛え上げた筋肉の大きさ、量をほめ称えるかけ声です。どの部位にも、大きければ使えます。大きさこそ正義。

ほめる
03

バリバリ

バリバリ!

バリバリ!
バリバリ!

背中バリバリ!

身体を絞ると現れる筋肉の状態を表します。身体から水分を抜くと、筋肉の外にある肌表面に深い筋が現れ、ひび割れているように見えるのです。連続させたり、部位と組み合わせたりしても使えます。

ほめる
04

厚みがすごい

筋肉の盛り上がりによって現れる、胸や背中の厚さをほめるときに使います。全身をくまなく鍛え上げるからこそ、厚みが出せるのです。

上半身、
厚みがすごい！

今日も厚みが
すごいよ！

ほめる 05

広い

胸広いよ！

もう全部広い！

筋肉が作り出す面積の大きさを表します。「お父さん、背中が大きいね」。そんな尊敬の念を込めて使いたい言葉です。

ほめる
06

仕上がってる

コンディションが整っていることを意味します。どれだけの時間を費やして身体を作り上げてきたのか。その時間にも敬意を込めて使います。

良いよ！
仕上がってるよ！

上腕仕上がってる！

ほめる
07

詰まってる

上半身、
詰まってる！

大胸筋詰まってるよ！

筋肉の密度が高い、という意味です。全身にも部位ごとにも使えます。密度の高い筋肉だからこそ切れていて、デカくて、広いのです。

ほめる 08

ダントツ

ステージ上で誰よりも美しい肉体であることを意味します。また、ひとつの部位が突出していても使えます。もう、君がナンバーワン！

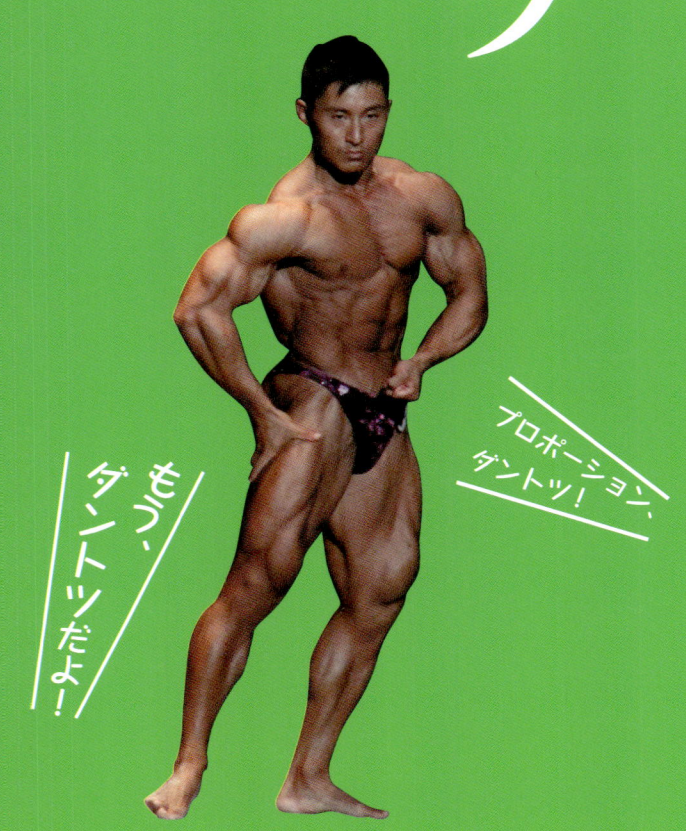

ほめる 09

キレイ

最高にキレイだよ！

ポージングキレイ！

筋肉は鍛え上げるから美しい。その美しさは、どんな言葉を並べても言い表せない。そんなときはシンプルに「キレイ」で良いのです。

ほめる
10

美しい

キレイ、の同義語。彫刻のように仕上がった筋肉は、まさに美の象徴。部位と形を合わせて使うと、気持ちが高まります。

脚が美しい！

大胸筋の盛り上がり、美しい！

ほめる 11

カッコいい

今日もカッコいいよ！

ポージングがカッコいい！

筋肉の美しさは、同時にカッコよさも生み出します。その思いが、自然に口から出た場合のかけ声です。筋肉だけではなく、ポージングの立ち振る舞いも合わせたカッコよさを表しています。

ほめる
12

最強の○○！

誰よりもずば抜けた部位をほめるときに使います。もう君の○○には敵わない。そんな鍛え抜かれた部位にこそ、使いたいかけ声です。

最強の
上腕二頭筋！

最強の腕！

ほめる
13

○番が良い！

コンテストでは選手に番号が与えられます。ステージ上に多くの選手がいても、ほめたい選手の名前を知らなくても、番号を呼べば肉体の素晴らしさをその人に伝えられます。

97番の
大胸筋良いよ！

ほめる 14

出ました！キマリ！

「登場した瞬間から、もうすでに君が最も美しいんだ」。そんな気持ちを込めて、選手がステージに登場する場面で主に使います。

出ました！キマリ！

ほめる 15

ナイスバルク！

上腕のバルクがすごいよ！

バルクとは、筋肉の厚みを意味しており、厚みのある良い筋肉という意味です。「厚みがすごい」と同じように使えます。仕上げているからこそ、出せる厚みをほめる言葉です。

ほめる 16

ナイスポーズ！

筋肉を美しく見せるためにも、ポージングは大切です。筋肉だけではなく、ポーズのカッコよさ、美しさもその人の魅力なのです。

出た！
ナイスポーズ！

観戦を楽しむためのアイテム

大会に行く前に荷物をチェック

選手たちは大会に向けて最高のコンディションに調整しています。そしてそれは、観戦に慣れているファンたちも同じ。大会を存分に楽しむためには、いくつかのアイテムを準備しておく必要があります。そこで初めて観に行くファンにもおすすめのアイテムをご紹介。大会の楽しみ方も具体的に見えてきます。

Item 1

□ 昼食

大会は終日行われます。肉体美を見逃さないためにも、昼食は用意しておきましょう。ゴミは持ち帰るのがマナーです。

Item 2

□ 飲み物

当然、飲み物も用意しておきます。応援で声を出すので、ノドをいたわる意味でも多めに準備しておきましょう。

Item 3

□ カメラ

お気に入りの肉体美が見つかったら、その瞬間を思い出だけではなく、形にしておきましょう。カメラを立てる一脚があると便利です。

Item 4

□ スマホ用バッテリー

スマホのカメラで肉体美を撮影するのもいいでしょう。ただし電池の消費量が大きいので、大切な瞬間を撮り漏らさないために持っておきます。

Item 5

□ オペラグラス

筋肉ひとつひとつ、キレイに仕上がった肉体は近くで堪能するのがいちばん。そのための必須アイテムです。

Item 6

□ 差し入れ

減量で水分を抜いてきた選手が多いので、オススメは“ペットボトルの水”。あとはチョコレートなどの甘い物も喜ばれます。

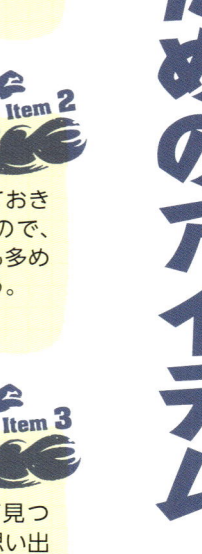

Chapter 3

例える編
「肩メロン!」

選手たちの肉体は、
よくモノに例えられます。
特定の部位をほめるときに
使えるかけ声です。

例える
01

肩

三角筋

肩メロン！

肩が盛り上がっているだけではなく、浮き上がった血管のスジも相まって、「まるでメロンのようだ」という意味で使います。

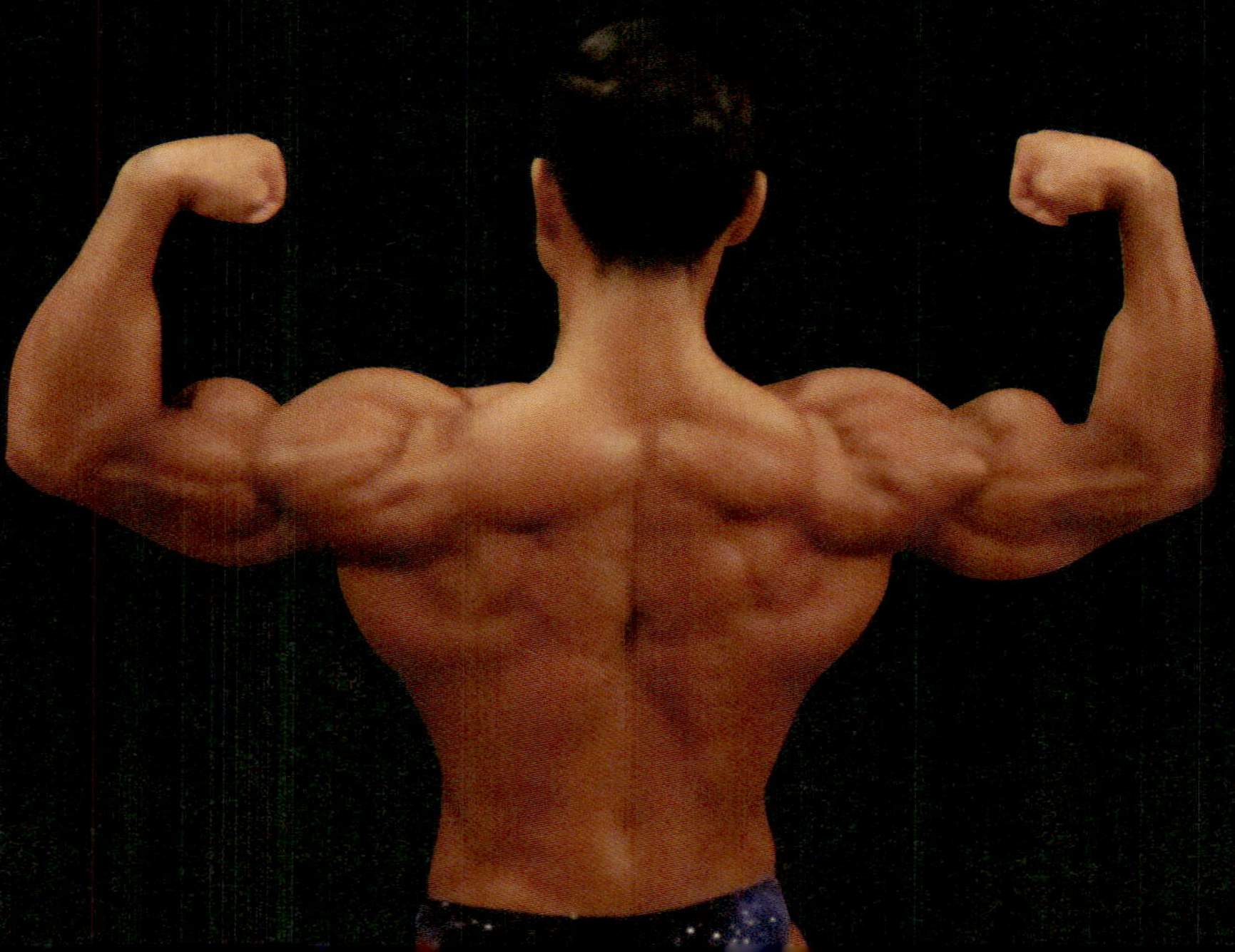

例える

02

腕（上腕）

上腕二頭筋

二頭がチョモランマ

いわゆる〝力こぶ〟である上腕二頭筋が、世界最高峰の山であるエベレスト、中国名で言うところのチョモランマのようにそびえ立つ様を意味します。

例える 03

腕（上腕）

上腕二頭筋

二頭がデカい！ダチョウの卵

上腕二頭筋の盛り上がり具合が、卵の中でも最も大きいダチョウの卵のように、丸く、太く、大きくふくらんでいる様を表します。

例える 04

背中

広背筋

三角チョコパイ

真っ黒にむらなく焼かれたツヤのある肌と、逆三角形を作り上げる広背筋のコラボレーションが見事なときに使います。

例える
05

大胸筋
胸

巨乳

見事に発達した大胸筋が、大きく豊かに実っている様子を意味します。サイドチェストなど、胸を強調するポーズのときによく使われます。

例える
06

胸
大胸筋

大胸筋が歩いている

ポージングで胸を強調した瞬間、大胸筋が生きているかのような勢いを感じるときがあります。その躍動感を表現する言葉です。

例える 07

お腹

腹直筋

腹筋板チョコ

腹筋のセパレーションが素晴らしく、ハッキリと浮き出ているときに使います。肌ツヤが良ければ良いほど、板チョコ感は増します。

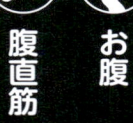

例える
08

お腹

腹直筋

腹筋グレネード

腹筋のカット、大きさ、形が攻撃的にキレイな様子を意味します。腹筋ひとつひとつが、グレネード（手榴弾）の表面のような凹凸を描き、攻撃力を持っているのです。

例える

09

お腹

腹直筋・外腹斜筋（側筋）

腹筋がカニの裏！

身体を絞ることによって腹直筋と側筋のカットが深くなり、バリバリになっている状態を表します。カニのお腹は、理想的な腹筋の形なのです。

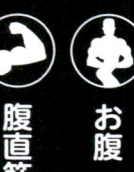

例える

10

背中

広背筋・菱形筋・大円筋・小円筋

背中に鬼の顔

背中が十分に絞れており、筋肉の部位ひとつひとつがハッキリと切れ、その形から鬼の顔が浮かんで見えるときに使います。鍛え上げた身体には、鬼が宿るのです。

例える

11

背中

広背筋

背中に羽が生えている

鳳凰の美しく大きな翼のごとく、鍛え抜かれた広背筋が広がっている様をアピールするときに使います。

例える 12

背中
広背筋

背中にクリスマスツリー

減量によって絞りに絞っていくと現れる、広背筋下部の三角形を意味します。鍛えれば鍛えるほど、背中でさまざまなものを背負えるのです。

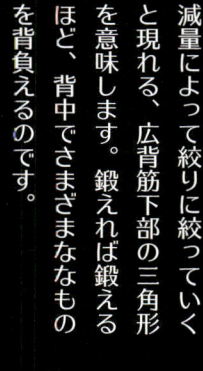

例える 13

お尻
大臀筋・中臀筋

お尻にバタフライ

左右のお尻の筋肉が切れることで、蝶が羽を広げたように見えるときに使います。左右のバランスも取れているからこそ、できる形です。

例える 14

脚

大腿四頭筋

脚がゴリラ

ゴリラは、強さの象徴でもあります。脚がそんなゴリラのようにとにかく太く、強く作り上げられているときに使う言葉です。

例える 15

脚がカモシカ

脚

大腿四頭筋・大腿二頭筋・腓腹筋・下腿三頭筋・足底筋

カモシカ（本来はレイヨウ）の脚のように、太さ、大きさ、切れ、絞れ具合など、脚全体がバランス良く仕上げられた状態を表します。

例える
16

ふくらはぎ
腓腹筋・下腿三頭筋・足底筋

ダイヤモンドカーフ

ふくらはぎが、ダイヤモンドのような菱形を作ったときに使います。時を費やして作り上げた筋肉は硬く、美しく、価値があるのです。

ボディビル用語集

アブドミナル	腹部のこと。腹筋を鍛える器具自体を指すこともあります。	P35
カーフ	ふくらはぎの筋肉、下腿三頭筋を指す言葉です。	P77
カット	筋肉によってできた肌表面の溝や影のこと。深く、濃いほうが筋肉の形が伝わり、良いとされています。水分が抜けていると深くなります。	P26
コール	司会者の呼びかけ、呼び出し。セミファイナルでの1度目の呼びかけを「ファーストコール」、2度目を「セカンドコール」と言います。	P27
サイ	太もも。内ももはインナーサイと呼ばれます。	P35
タンニング	日焼け。カットが見えやすくなる効果があります。	P85
トライセップス	上腕三頭筋のこと。二の腕の辺りにあります。	P34
トレーニー	トレーニングをする人です。	P18
バイセップス	上腕二頭筋のこと。力こぶができる部分です。	P29
バルク	筋肉の厚み。評価につながる要素のひとつです。	P58
ピックアップ	ピックアップ審査のことを、省略して呼ぶ言い方です。	P27
フィジーク	JBBF の大会で使われる、ボディビルの女性種目としての呼び名。また、ボディビルより絞りや全体のバランスを重視する男性種目「メンズフィジーク」を指すこともあります。	P26
フィットネスビキニ	肉体の美しさを競う女性競技種目のひとつ。筋肉質であるよりも、ほどよくひきしまった身体を重視し、顔立ち、メイク、落ち着いた態度なども含めて審査します。	P18
ラット	背中の筋肉、広背筋を指す言葉です。	P90
リラックス	ステージに入場した選手に司会者がかけるコール。リラックスポーズをとらせる際に使います。	P28
規定ポーズ	舞台上で選手が取るポーズのことです。世界的なルールに則って決められていて、規定4ポーズと言う場合には「フロント・ダブルバイセップス」「フロント・ラットスプレッド」「サイドチェスト」「バック・ダブルバイセップス」を指します。	P28

Chapter 4

超上級編「アニキー!」

選手を見たときの感動のかたちはさまざま。
そのときにしか叫べないかけ声、
フリースタイルなかけ声を集めました。

えぐれすぎだぜー!!

筋肉の部位と部位の分かれ目、セパレーションがハッキリしている様子を表します。

土台が違う 土台が!

根本的な強さを感じ、ほかの選手たちと比べて肉体が抜きん出ているときに使います。

圧倒的

周囲と比べて筋肉の大きさや切れ具合が違うときに使います。威圧感すら感じます。

アニキ、連れてってー。

鍛え上げられた肉体がカッコよすぎて
「どこまでもついていきます」という意味で使います。

アニキー！

仕上がった肉体だけではなく、
作り上げた選手を尊敬するからこそ発せられる言葉です。

大好き、結婚して♡

恋焦がれるほどの肉体美に出会ったら使いましょう。男性への最高のほめ言葉です。

彫刻みたいな身体

身体全体の切れが良すぎるときに使います。
彫刻と表される肉体は、美しさの象徴なのです。

阿修羅像

大きく盛り上がった2つの肩によって、
三面を持つ阿修羅像に見えるときに使います。

プロポーションおばけ

全身のバランスの美しさを意味します。
その驚きを“ おばけ ”で表現しています。

新時代の幕開けだ！

今まで見たことがないくらいにすごい身体を表します。その肉体は、新時代を築くのです。

新人類

見たことがないほどに作り上げられた肉体に、
人は進化した次世代の誕生を見るのです。

石油王！

褐色に染め上げた肉体は、まさに世界を席巻する石油王のよう。圧倒的な肉体を意味します。

侍！

高い志を胸に秘め、侍のごとく一意専心で作られた肉体に対して使います。

肩にちっちゃいジープのせてんのかい

肩や大胸筋上部が、4WDのゴツゴツとした車体のように盛り上がっていることを意味します。

HUGE!!

（ヒュージ）

大きい、デカいだけでは表せない“巨大”を
意味する言葉です。シンプルかつ効果的。

NICE SHAPE!!

（ナイスシェイプ）

鍛えただけではなく、絞り上げるから美しさが際立つのです。
だからこそ NICE SHAPE ！

カブトムシひっくり返したみたいだな！

絞りとタンニングによって、お腹がカブトムシの裏側のように見える様子を表しています。

前脚

「腕のはずなのに、まるで脚のように太い」。
そう思ったら、
それはもうすでに脚なのです。

焼き鳥

タンニングは、切れを見せる大切な手法。
良い感じに焼き上げられた身体を意味します。

腹！腹にもっと力入れて！広背筋を開く！……そう！良くなった!!

緊張から練習したはずのポージングができていない場合、指示を出すこともあります。

全部出せ

筋肉をもっと強調してほしいときに使います。「お前ならもっとやれる。だから全部出せ！」。

笑え！

表情が硬いと、普段の力の10分の1も出せません。そんなときは笑顔です。

飼っている白い犬は元気？

守るものがあれば、人は強くなれる。それは、愛犬に対しても同じなのです。

可愛い彼女の○○が見てるぞー

人は恋人の前だと、何倍もの力を発揮できます。そのスイッチを入れてあげられる言葉です。

パパ頑張れー

子どもの前では、強いパパでありたい。そんな父性を呼び起こす意味を持っています。

◯番、身体も良いが、顔もいい!!

「身体をほめるだけでは物足りない」。
そう感じたら、きりっと引き締まった
顔もほめます。

赤が似合ってるよ

活力や情熱を表す赤。それが似合う選手は、肉体にも活力がみなぎっているのです。

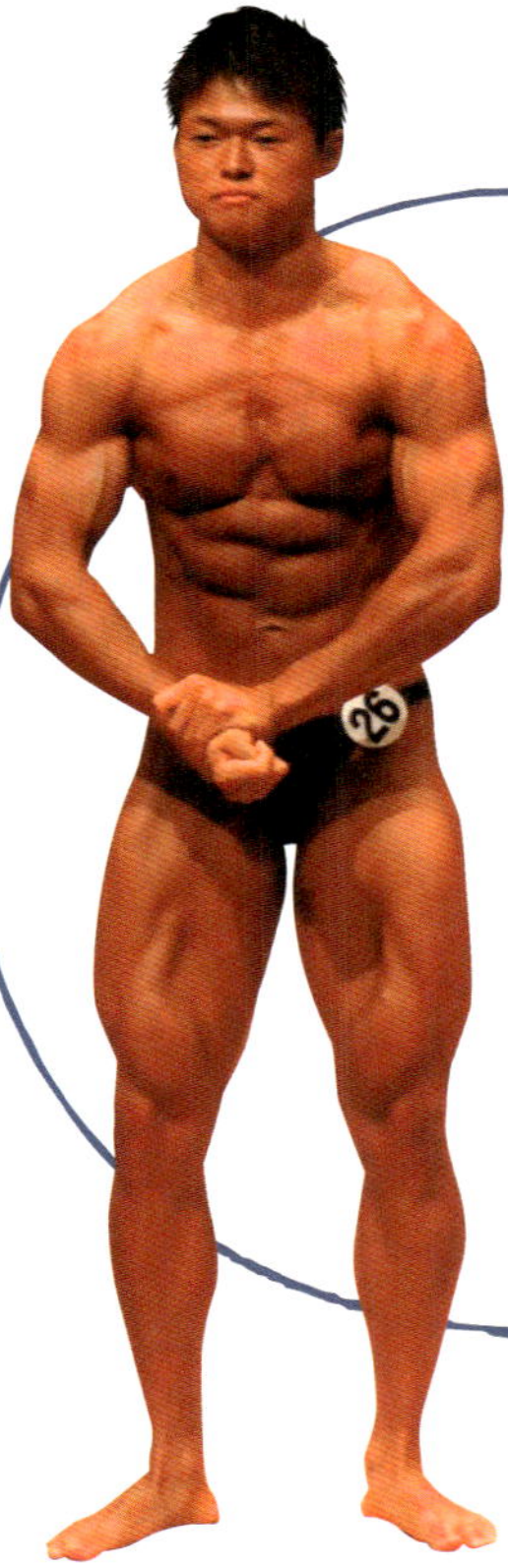

（京大の選手に向かって）高学歴！

綿密に組み立てられたトレーニングによって作られた肉体には、そこに知性が宿るのです。

筋肉本舗

全身の部位が際立ち、ひとつひとつが仕上がっている状態を表します。筋肉の総合デパート。

デカすぎる上腕！ひとり動物園！

動物たちがもつそれぞれのデカさ、美しさをもった大きな上腕を表します。

どんだけデカいの!?東京ドーム何個分!?

素晴らしく大きな筋肉をほめるときに使います。
東京ドームは、大きさを表す単位です。

胸がケツみたい

大胸筋が発達しすぎて、胸よりも丸くて大きな大臀筋のように見える様子を表します。

なんだ、あのラットは！

背中の広がり、仕上がりに驚嘆したときに使います。ラットは広背筋を意味します。

ハムケツ切れてる！

バックポーズの際に見える、ハムストリングスとお尻が最高に切れているときに使います。

何個あるの腹筋！

腹筋のカットがとてもハッキリしていて、数え切れないほど多く見えるときに使います。

そこまで仕上げるために眠れない夜もあっただろうに

肉体を作る苦しさ、絞る辛さを知っているからこそ、選手にかけられる言葉なのです。

来年頑張れ！

来年に期待したいときに使います。これは、伸びしろがある証拠なのです。

マッチョの満員電車だな！

ステージが狭く感じられるほど、全員がデカく、甲乙付け難い肉体のときに使います。

部位・筋肉別索引

おわりに

『ボディビルのかけ声辞典』を最後までお読みいただきまして、ありがとうございました。

ボディビルの世界に初めて触れた方は、「自分の身体を舞台で披露できるボディビルダーの人って、筋肉もすごいけどなんて強靭な精神力なんだろう?」、「超人なんじゃないか?」と思われることでしょう。でもそんなことはありません。彼らもみなさんと同じ人間です。映画を観て笑い、TVドラマに感動し、失恋して泣き、会社の人間関係に悩みます。職業も普通の会社員だったり、学生だったり、主婦や会社経営者もいます。普通に生活しています。

コンテスト出場に至るまで、それぞれの悩みもあり、壁に立ち塞がれたことも一度や二度ではないはずです。選手はみな、食べたい物や飲みたい物を制限し、コンテストに臨みます。優勝や表彰台を目指して頑張る姿は素晴らしく、観戦者を魅了します。だからこそその晴れ舞台で、ジムや職場仲間、コンテスト出場を支えてくれた家族からのかけ声は本当に嬉しいものなのです。

会場でお気に入りの選手がいましたら、何でも構いません、声援を送ってあげてください。きっといつも以上の力を発揮することができるでしょう。最近では大学生の大会は〝かけ声文学の宝庫〟といわれ、一般の方の観戦者も急増し、いつも満員御礼です。入場無料ですので、ぜひご来場ください。

また、この本は大会以外でも次のように活用できます。

・通勤通学の合間の読書に
・飲み会の話題に
・ほめるのが苦手な方のテキストとして
・自分をほめて元気になりたいときに
・元気のない人に勇気を与えたいときに
・若手お笑い芸人のネタとして

まずは基本の〝切れてる〟をマスターしましょう。自分に「俺って……切れてる!!」と言うのもアリです。自信がつき、元気が湧きます。どんどんほめぐせをつけて、周りの人もほめまくりましょう。あなたは絶対、職場やクラスの人気者になれるでしょう。

最近はお笑いタレントやユーチューバーの方が大会に出場するようになり、一般女性の観戦者がとても増えました。また、数年前から大会の写真、ビデオ撮影が認められるようになり、そのことも大会観戦者が増えた一因だと思います。鉄道ファンに「乗り鉄」、「撮り鉄」がいるように、ボディビル大会にも「舞台観劇のような純粋な観戦ファン」、「撮影ファン」が増えているようです。

連盟としましては、今後ボディビルを生涯スポーツとして、芸術性豊かな肉体美の表現として、また、国民のみなさまにも喜んでいただけるよう、エンターテインメント性も兼ね備えた競技団体として運営してまいりたいと思います。

公益社団法人 日本ボディビル・フィットネス連盟

ボディビルのかけ声辞典

発行日　2018 年 7 月 11 日　初版第 1 刷発行
2018 年 8 月 1 日　初版第 2 刷発行

監修　公益社団法人 日本ボディビル・フィットネス連盟

企画・編集　株式会社ナイスク　松尾里央、石川守延、安原直登

編集　中村孝司（スモールライト）

ブックデザイン　沖増岳二

執筆　田坂友暁

制作協力　上野俊彦（日本ボディビル・フィットネス連盟）
岡田 隆
室井順子（スモールライト）

巻頭写真集構成・写真協力　ちびめが

SPECIAL THANKS　本書に出演いただいたみなさま

アンケート協力　日本体育大学バーベルクラブ
早稲田大学バーベルクラブ
神奈川大学ボディビル部
ゴールドジム イースト東京
トレーニングセンター サンプレイ
赤羽トレーニングセンター
なこ　@fudemayu75

営業　藤井敏之（スモールライト）

発行者　中村孝司
発行所　スモール出版
〒164-0003　東京都中野区東中野 1-57-8　辻沢ビル地下 1 階
株式会社スモールライト
TEL　03-5338-2360　／　FAX　03-5338-2361
e-mail　books@small-light.com
URL　http://www.small-light.com/books/
振替　00120-3-392156

印刷・製本　中央精版印刷株式会社

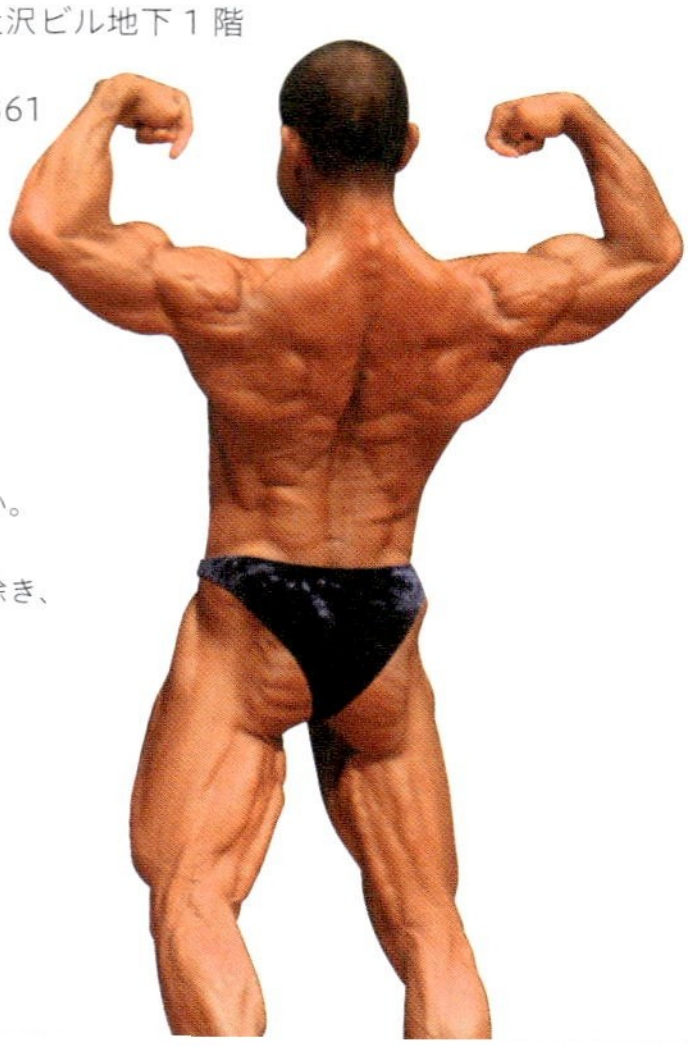

Printed in Japan　ISBN978-4-905158-58-5